Qiche Dipan Gouzao Yu Jianxiu
汽车底盘构造与检修工单页
（第2版）

姓名_____

班级_____

团队_____

北京理工大学出版社
BEIJING INSTITUTE OF TECHNOLOGY PRESS

目 录

项目一 汽车底盘传动系统检修 ··· 1
    任务一 离合器故障检修 ··· 1
    任务二 手动变速器的结构与拆装 ······································· 8
    任务三 万向传动装置故障检修 ··· 14
    任务四 驱动桥故障检修 ··· 20

项目二 汽车底盘行驶系统检修 ··· 28
    任务一 车架与车桥故障检修 ··· 28
    任务二 车轮及轮胎故障检修 ··· 35
    任务三 悬架的结构 ·· 39

项目三 汽车底盘转向系统检修 ··· 47
    任务一 机械转向器故障检修 ··· 47
    任务二 液压助力转向器故障检修 ······································· 55

项目四 汽车底盘制动系统检修 ··· 63
    任务一 制动器故障检修 ··· 63
    任务二 制动传动装置检修 ··· 73

项目一 汽车底盘传动系统检修

任务一 离合器故障检修

理 论 习 题

一、填空题

1. 摩擦离合器所能传递的最大转矩取决于摩擦面间的_____。
2. 在设计离合器时,除需保证传递发动机最大转矩外,还应满足_____、_____、_____及_____等性能。
3. 摩擦离合器基本上是由_____、_____、_____和_____四部分构成的。
4. 摩擦离合器所能传递的最大转矩的数值取决于_____、_____、_____及_____四个因素。
5. 摩擦离合器按压紧弹簧的形式不同可分为_____和_____,其中前者根据弹簧布置形式的不同又分为_____和_____。根据从动盘数目的不同,离合器可分为_____和_____。
6. 为避免传动系产生共振,缓和冲击,在离合器上装有_____。

二、选择题

1. 离合器的主动部分包括( )。
   A. 飞轮　　　　B. 离合器盖　　　C. 压盘　　　　D. 摩擦片
2. 离合器的从动部分包括( )。
   A. 离合器盖　　B. 压盘　　　　　C. 从动盘　　　D. 压紧弹簧
3. 东风 EQ1090E 型汽车离合器的分离杠杆支点采用浮动销的主要目的是( )。
   A. 避免运动干涉　B. 利于拆装　　　C. 提高强度　　D. 节省材料
4. 离合器分离轴承与分离杠杆之间的间隙是为了( )。
   A. 实现离合器踏板的自由行程　　　　B. 减轻从动盘磨损
   C. 防止热膨胀失效　　　　　　　　　D. 保证摩擦片正常磨损后离合器不失效
5. 膜片弹簧离合器的膜片弹簧起到( )的作用。
   A. 压紧弹簧　　B. 分离杠杆　　　C. 从动盘　　　D. 主动盘
6. 离合器的从动盘主要由( )构成。
   A. 从动盘本体　B. 从动盘毂　　　C. 压盘　　　　D. 摩擦片

7．汽车离合器的主要作用有（　　）。
   A．保证汽车怠速平稳　　　　　　　B．使换挡时工作平稳
   C．防止传动系过载　　　　　　　　D．增加变速比
8．下列不属于汽车离合器部分的是（　　）。
   A．分离轴承　　B．曲轴　　C．带轮　　D．从动盘
9．在正常情况下，发动机工作，汽车离合器踏板处于自由状态时（　　）。
   A．发动机的动力不传给变速器　　　B．发动机的动力传给变速器
   C．离合器分离杠杆受力　　　　　　D．离合器的主动盘与被动盘分离
10．下列说法正确的是（　　）。
   A．汽车离合器操作要领要求是分离时要迅速、彻底，结合时要平顺、柔和
   B．汽车离合器有摩擦式、液力耦合式和带式等几种
   C．离合器从动盘有带扭转减振器和不带扭转减振器两种形式
   D．离合器的压盘压力越大越好
11．下列说法正确的是（　　）。
   A．从动盘体与摩擦片之间加铆波浪形弹性钢片的目的是为了提高接合的柔顺性
   B．摩擦片要求具有较小的摩擦因数、良好的耐热性和适当的弹性
   C．离合器从动盘与发动机曲轴相连接
   D．膜片弹簧离合器中的膜片弹簧有压紧弹簧和分离杠杆的双重作用
12．学生A说："汽车在紧急制动时，要马上踩下离合器，防止传动系过载而使发动机的机件损坏"。学生B说："汽车在紧急制动时不用踩下离合器，离合器有传动系过载保护功能"。他们的说法正确的是（　　）。
   A．只有学生A正确　　　　　　　　B．只有学生B正确
   C．学生A和学生B都正确　　　　　D．学生A和学生B都不正确
13．学生A说："螺旋弹簧式离合器盖与压盘之间通过四组用薄弹簧钢片制成的传动片，它不但可以传递动力，而且可以对压盘起导向和定心作用。"学生B说："传动片还可以保证压盘沿轴向作平行移动。"下列最合适的选项是（　　）。
   A．只有学生A正确　　　　　　　　B．只有学生B正确
   C．学生A和学生B都正确　　　　　D．学生A和学生B都不正确
14．离合器从动盘本体的外缘部分开有径向窄切槽，目的是（　　）。
   A．减小从动盘本体的转动惯量　　　B．增加摩擦力
   C．增加耐磨力　　　　　　　　　　D．加强散热
15．关于汽车离合器踏板自由行程的叙述正确的有（　　）。
   A．自由行程是由于操纵机构长期使用后磨损产生的
   B．自由行程可以使压盘有足够的空间压紧从动盘，防止离合器打滑
   C．自由行程是指分离杠杆内端与分离轴承间的自由间隙
   D．自由行程与有效行程之和就是踏板的总行程

三、判断题

1. 离合器的主、从动部分常处于分离状态。（   ）
2. 为使离合器接合柔和，驾驶员应逐渐放松离合器踏板。（   ）
3. 离合器踏板的自由行程过大会造成离合器的传力性能下降。（   ）
4. 离合器从动部分的转动惯量应尽可能大。（   ）
5. 双片离合器中间压盘的前后，都需设有限位装置。（   ）
6. 离合器的摩擦衬片上粘有油污后，可得到润滑。（   ）

四、名词解释

1. 离合器主动部分。

2. 离合器从动部分。

3. 离合器自由行程。

4. 离合器分离间隙。

五、问答题

1. 汽车传动系中为什么要装离合器？

2. 什么叫离合器踏板的自由行程？其过大或过小对离合器的性能有什么影响？

3. 膜片弹簧离合器的优点如何？

4．离合器从动盘上的扭转减振器的作用是什么？

5．离合器的操纵机构有哪几种？各有什么特点？

技 能 操 作

子任务1　离合器的拆卸及零部件检查

（1）离合器的拆卸及零部件检查作业表如表 1-1 所示。

表 1-1　离合器的拆卸及零部件检查作业表

姓名		班级		学号		组别	
车型		VIN 码		车辆当前行驶里程		购车时间	
是否正常维保		车辆是否出现异常状况		异常出现时间		异常出现里程数	
变速器型号		客户陈述				日期	
拆卸项目				目视检查		数据记录	
拆卸变速器							
拆卸飞轮							
取出分离轴承及其附件							
从动盘检查							
压盘检查							
膜片弹簧离合器检查							
结论							
建议处理意见							

（2）检查踏板自由行程作业表如表 1-2 所示。

表 1-2　检查踏板行程作业表

姓名		班级		学号		组别	
车型		VIN 码		车辆当前行驶里程		购车时间	
是否正常维保		车辆是否出现异常状况		异常出现时间		异常出现里程数	
变速器型号		客户陈述				日期	
测量							
踏板处于静止位置 L1				将踏板踩到底 L2			
测量后计算							
踏板行程 X		X=L2-L1 X=					
测量值和标准值对比结论： （行程过大、行程过小和符合标准。怎样进行调整？）							

（3）离合器的拆卸与检查项目评分表如表 1-3 所示。

表 1-3　离合器的拆卸与检查项目评分表

基本信息	姓名		学号		班级		组别	
	角色	主修人员□　辅修人员□　工具管理□　零件摆放□　安全监督□　质量检验□　7S 监督□						
	规定时间		完成时间		考核日期		总评成绩	
考核内容	序号	步骤		完成情况		标准分	评分	
				完成	未完成			
	1	考核准备： 材料： 工具： 设备： 安全防护： 劳动保护：				10		
	2	拆卸变速器				10		
	3	拆卸飞轮				10		
	4	取出分离轴承及其附件				10		
	5	从动盘检查				10		
	6	压盘检查				10		
	7	膜片弹簧离合器检查				15		
7S 管理 整理、整顿、清扫、清洁、素养、安全、节约						10		
团队协作						5		
沟通表达						5		
工单填写						5		
教师评语								

子任务2 离合器打滑故障诊断

(1) 离合器打滑故障诊断作业表如表 1-4 所示。

表 1-4 离合器打滑故障诊断作业表

姓名		班级		学号		组别	
车型		VIN 码		车辆当前行驶里程		购车时间	
是否正常维保		车辆是否出现异常状况		异常出现时间		异常出现里程数	
变速器型号		客户陈述				日期	
故障原因分析		1.症状确认: 2.原因分析:					
故障诊断方法及步骤		检查项目		是否检查		检查\测量结果	
		检查离合器踏板自由行程或离合器踏板行程					
		检查分离轴承回位情况及分离杠杆的高度					
		检查离合器固定螺栓是否松动					
		检查摩擦片是否磨损过大或沾有油污					
		检查压紧弹簧是否损坏或弹力不足					
		检查压盘、飞轮的工作表面的平面度误差					
		检查发动机制作是否松动、移位					
结论							
建议解决故障方法							
总结故障诊断流程							

（2）离合器打滑故障诊断项目评分表如表 1-5 所示

表 1-5　离合器打滑故障诊断项目评分表

基本信息	姓名		学号		班级		组别	
	角色	主修人员□　辅修人员□　工具管理□　零件摆放□　安全监督□　质量检验□　7S 监督□							
	规定时间		完成时间		考核日期		总评成绩	

	序号	步骤	完成情况		标准分	评分
			完成	未完成		
考核内容	1	考核准备： 材料： 工具： 设备： 安全防护： 劳动保护：			10	
	2	检查离合器踏板自由行程或离合器踏板行程			5	
	3	检查分离轴承回位情况及分离杠杆的高度			5	
	4	检查离合器固定螺栓是否松动			10	
	5	检查摩擦片是否磨损过大或沾有油污			10	
	6	检查压紧弹簧是否损坏或弹力不足			10	
	7	检查压盘、飞轮的工作表面的平面度误差			15	
	8	检查发动机制作是否松动、移位			10	
7S 管理 整理、整顿、清扫、清洁、素养、安全、节约					10	
团队协作					5	
沟通表达					5	
工单填写					5	
教师评语						

任务二 手动变速器的结构与拆装

理 论 习 题

一、填空题

1. EQ1090E 型汽车变速器操纵机构为防止自动脱挡,变速器叉用_____和_____进行自锁;为防止自动跳挡,在二、三挡与四、五挡的齿座上,都采用中间带凸台的_____轴间用_____与_____互锁;为防止汽车行驶时误挂入倒挡,在倒挡拨块上装有_____。
2. 东风 EQ2080E 三轴越野汽车的分动器具有两种挡位,挂前桥和挂低速挡之间的关系为_____,摘前桥与摘低速挡之间的关系为_____。
3. 汽车在行驶过程中,发动机的动力经过离合器、变速器、万向传动装置传至主减速器,主减速器(单级)从动锥齿轮依次将动力经_____、_____、_____、_____传给驱动车轮。

二、选择题

1. 当离合器处于完全接合状态时,变速器的第一轴( )。
   A. 不转动
   B. 与发动机曲轴转速不相同
   C. 与发动机曲轴转速相同
2. CA1092 型汽车主减速器内用的润滑油为( )。
   A. 双曲线齿轮油 B. 普通齿轮润滑油
3. 汽车转弯行驶时,差速器中的行星齿轮( )。
   A. 只有自转,没有公转
   B. 只有公转,没有自转
   C. 既有公转,又有自转
4. 变速器挂倒挡时,第二轴的旋转方向( )。
   A. 与发动机曲轴旋转方向相同 B. 与发动机曲轴旋转方向相反

三、判断题(正确打√,错误打×)

1. 变速器第一轴与第二轴相互平行且在同一条直线上,因此,第一轴转动时第二轴也随着转动。( )
2. 变速器倒挡传动比数值设计得较大,一般与一挡传动比数值相近。这主要是因为倒车时,汽车应具有足够大的驱动力。( )
3. 变速器的某一挡位的传动比既是该挡的降速比,也是该挡的增矩比。( )
4. EQ1090E 型汽车变速器挂前进挡(一挡)和挂倒挡的操纵方法不相同。( )

5．CA1092型汽车变速器采用两种同步器，锁销式惯性同步器和锁环式惯性同步器。
（　　）

6．EQ1090E型汽车变速器互锁装置采用四个互锁钢球和一个互锁销来防止变速器同时挂入两个挡，但对于互锁钢球的大小及锁销的长度都没有规定。（　　）

四、名词解释

1．变速器的传动比＝7.31。

2．超速挡。

五、问答题

1．变速器的功用是什么？

2．同步器的作用是什么？

3．分动器的作用是什么？

4．画出上海桑塔纳变速器挡位示意图，并标出各挡动力传递路线。

技 能 操 作

子任务1 变速器的拆卸及零部件检查

（1）变速器的拆卸及零部件检查作业表如表2-1所示。

视频1-12 三轴变速器拆装视频组

（1—换挡执行机构拆卸；2—后盖拆卸；
3—壳体拆卸；4—传动机构；5—传动机构分解；
6—传动机构安装；7—组装）

表2-1 变速器的拆卸及零部件检查作业表

姓名		班级		学号		组别	
车型		VIN码		车辆当前行驶里程		购车时间	
是否正常维保		车辆是否出现异常状况		异常出现时间		异常出现里程数	
变速器型号		客户陈述				日期	
拆卸项目			目视检查		数据记录		
拆卸外附件							
拆卸前轴护圈							
拆卸离合器壳体							
拆卸自锁互锁							
拆卸中间轴							
拆卸后轴承							
取出输出轴、中间轴							
拆卸同步器及同步器毂							
结论							
建议处理意见							

表 2-2 变速器的拆卸及零部件检查项目评分表

<table>
<tr><td rowspan="4">基本信息</td><td>姓名</td><td colspan="2"></td><td>学号</td><td></td><td>班级</td><td></td><td>组别</td><td></td></tr>
<tr><td>角色</td><td colspan="8">主修人员□ 辅修人员□ 工具管理□ 零件摆放□ 安全监督□ 质量检验□ 7S 监督□</td></tr>
<tr><td>规定时间</td><td colspan="2"></td><td>完成时间</td><td></td><td>考核日期</td><td></td><td>总评成绩</td><td></td></tr>
<tr><td rowspan="2">序号</td><td colspan="3" rowspan="2">步骤</td><td colspan="2">完成情况</td><td colspan="2" rowspan="2">标准分</td><td rowspan="2">评分</td></tr>
<tr><td>完成</td><td>未完成</td></tr>
<tr><td rowspan="9">考核内容</td><td>1</td><td colspan="3">考核准备：
材料：
工具：
设备：
安全防护：
劳动保护：</td><td></td><td></td><td colspan="2">10</td><td></td></tr>
<tr><td>2</td><td colspan="3">拆卸外附件</td><td></td><td></td><td colspan="2">10</td><td></td></tr>
<tr><td>3</td><td colspan="3">拆卸前轴护圈</td><td></td><td></td><td colspan="2">10</td><td></td></tr>
<tr><td>4</td><td colspan="3">拆卸离合器壳体</td><td></td><td></td><td colspan="2">10</td><td></td></tr>
<tr><td>5</td><td colspan="3">拆卸自锁互锁</td><td></td><td></td><td colspan="2">10</td><td></td></tr>
<tr><td>6</td><td colspan="3">拆卸中间轴</td><td></td><td></td><td colspan="2">10</td><td></td></tr>
<tr><td>7</td><td colspan="3">拆卸后轴承</td><td></td><td></td><td colspan="2">10</td><td></td></tr>
<tr><td>8</td><td colspan="3">取出输出轴、中间轴</td><td></td><td></td><td colspan="2">5</td><td></td></tr>
<tr><td>9</td><td colspan="3">拆卸同步器及同步器毂</td><td></td><td></td><td colspan="2">10</td><td></td></tr>
<tr><td colspan="2">7S 管理
整理、整顿、清扫、清洁、素养、安全、节约</td><td colspan="5"></td><td colspan="2">10</td><td></td></tr>
<tr><td colspan="2">团队协作</td><td colspan="5"></td><td colspan="2">5</td><td></td></tr>
<tr><td colspan="2">沟通表达</td><td colspan="5"></td><td colspan="2">5</td><td></td></tr>
<tr><td colspan="2">工单填写</td><td colspan="5"></td><td colspan="2">5</td><td></td></tr>
<tr><td colspan="2">教师评语</td><td colspan="7"></td></tr>
</table>

子任务 2 变速器脱档故障诊断

（1）变速器脱档诊断作业表如表 2-3 所示。

表 2-3 变速器脱档故障诊断作业表

姓名		班级		学号		组别	
车型		VIN 码		车辆当前行驶里程		购车时间	
是否正常维保		车辆是否出现异常状况		异常出现时间		异常出现里程数	
变速器型号		客户陈述				日期	
故障原因分析	1.症状确认： 2.原因分析：						
故障诊断方法及步骤	检查项目			是否检查		检查\测量结果	
	换挡是否异响						
	变速器油液是否正常						
	外部换挡机构是否松旷						
	发动机和变速器安装是否松旷						
	变速器啮合齿轮是否脱齿						
	内部换挡机构是否松旷						
	同步器是否正常						
结论							
建议解决故障方法							
总结故障诊断流程							

（2）变速器脱档故障诊断项目评分表如表 2-4 所示

表 2-4 变速器脱档故障诊断项目评分表

基本信息	姓名		学号		班级		组别	
	角色	主修人员□ 辅修人员□ 工具管理□ 零件摆放□ 安全监督□ 质量检验□ 7S 监督□							
	规定时间		完成时间		考核日期		总评成绩	
考核内容	序号	步骤		完成情况		标准分	评分	
				完成	未完成		
	1	考核准备： 材料： 工具： 设备： 安全防护： 劳动保护：				10	
	2	换挡是否异响				5	
	3	变速器油液是否正常				5	
	4	外部换挡机构是否松旷				10	
	5	发动机和变速器安装是否松旷				10	
	6	变速器啮合齿轮是否脱齿				10	
	7	内部换挡机构是否松旷				15	
	8	同步器是否正常				10	
7S 管理 整理、整顿、清扫、清洁、素养、安全、节约						10	
团队协作						5	
沟通表达						5	
工单填写						5	
教师评语							

任务三　万向传动装置故障检修

理 论 习 题

一、填空题

1．万向传动装置在汽车上有很多应用，结构也稍有不同，但其功用都是一样的，即在_____且_____的两转轴之间传递动力。
2．十字轴式刚性万向节允许相邻两轴的最大交角为_____，主要由_____、_____等组成。
3．单个十字轴式刚性万向节在主动叉是等角速转动时，从动叉是不等角速的，且两转轴之间的夹角α越_____，不等速性就越大。
4．十字轴式刚性万向节的不等速特性，将使从动轴及其相连的传动部件产生_____，从而产生附加的_____，影响部件寿命。
5．等速万向节的基本原理是传力点永远位于_____上。
6．球笼式万向节工作时，_____个钢球都参与传力，故承载能力强、磨损小、寿命长。
7．传动轴分段时需加_____，中间支承通常装在车架横梁上，能补偿传动_____方向的安装误差。

二、选择题

1．球叉式万向节由主动叉、从动叉、（　　）个传动钢球、中心钢球、定位销、锁止销组成。
　　A．2个　　　　B．3个　　　　C．4个　　　　D．6个
2．球叉式万向节在工作的时候，只有（　　）个钢球传力。
　　A．2个　　　　B．3个　　　　C．4个　　　　D．6个
3．关于引起传动轴不平衡的原因，以下说法错误的是：（　　）。
　　A．传动轴上的平衡块脱落　　　　B．传动轴弯曲或传动轴管凹陷
　　C．伸缩叉安装错位　　　　　　　D．中间支承安装方法不当
4．关于引起万向节松旷的原因，以下说法错误的是：（　　）。
　　A．凸缘盘连接螺栓松动　　　　　B．传动轴上的平衡块脱落
　　C．万向节主、从动部分游动角度太大　D．万向节十字轴磨损严重

三、判断题

1．传动轴两端的连接件装好后，只做静平衡试验，不用做动平衡试验。　　　（　　）
2．传动轴花键与滑动叉花键、凸缘叉与所配合花键的侧隙：轿车应不大于0.15mm，其他类型的汽车应不大于0.30mm，装配后应能滑动自如。　　　　　　　　　（　　）

3．为加注润滑脂方便，万向传动装置的滑脂嘴应在一条直线上，且万向节上的滑脂嘴应背离传动轴。（   ）

4．球笼式万向节星形套与主动轴用花键固接在一起，星形套外表面有四条弧形凹槽滚道。（   ）

5．十字轴式刚性万向节主要用于发动机前置后轮驱动的变速器与驱动桥之间。（   ）

6．等速万向节主要用于发动机前置后轮驱动的变速器与驱动桥之间。（   ）

四、名词解释

1．双速双级贯通。

2．转向驱动桥。

3．轴向差速器。

4．主减速器啮合间隙。

5．主减速器啮合区域。

五、问答题

1．锥齿轮合间隙的检查方法。

2．锥齿轮啮合印痕的检查方法。

技 能 操 作

子任务1　万向传动装置的拆卸及零部件检查

（1）万向传动装置的拆卸及零部件检查作业表如表3-1所示。

视频1-15　传动轴直线度的测量

表3-1　万向传动装置的拆卸及零部件检查作业表

姓名		班级		学号		组别	
车型		VIN码		车辆当前行驶里程		购车时间	
是否正常维保		车辆是否出现异常状况		异常出现时间		异常出现里程数	
变速器型号		客户陈述				日期	
拆卸项目				目视检查		数据记录	
拆卸轮毂							
拆卸前悬架							
拆卸中间支撑							
取出万向传动装置							
拆卸防尘罩							
拆卸滚珠							
拆卸球笼							
结论							
建议处理意见							

表 3-2　万向传动装置的拆卸与检查项目评分表

基本信息	姓名		学号		班级		组别	
	角色	主修人员□　辅修人员□　工具管理□　零件摆放□　安全监督□　质量检验□　7S 监督□							
	规定时间		完成时间		考核日期		总评成绩	

	序号	步骤	完成情况		标准分	评分
			完成	未完成		
考核内容	1	考核准备： 材料： 工具： 设备： 安全防护： 劳动保护：			10	
	2	拆卸轮毂			10	
	3	拆卸前悬架			10	
	4	拆卸中间支撑			10	
	5	取出万向传动装置			10	
	6	拆卸防尘罩			10	
	7	拆卸滚珠			10	
	8	拆卸球笼			5	
7S 管理 整理、整顿、清扫、清洁、素养、安全、节约					10	
团队协作					5	
沟通表达					5	
工单填写					5	
教师评语						

子任务 2　万向传动装置异响故障诊断

(1) 万向传动装置异响诊断作业表如表 3-3 所示。

表 3-3　万向传动装置异响故障诊断作业表

姓名		班级		学号		组别	
车型		VIN 码		车辆当前行驶里程		购车时间	
是否正常维保		车辆是否出现异常状况		异常出现时间		异常出现里程数	
变速器型号		客户陈述				日期	
故障原因分析	1.症状确认： 2.原因分析：						
故障诊断方法及步骤	检查项目		是否检查		检查\测量结果		
	起步是否异响						
	抖动油门是否异响						
	低速是否异响						
	中间支撑是否松旷						
	万向传动装置是否轴向松旷						
	球笼是否缺油						
	球笼是否松旷						
结论							
建议解决故障方法							
总结故障诊断流程							

（2）万向传动装置异响故障诊断项目评分表如表 3-4 所示

表 3-4　万向传动装置异响故障诊断项目评分表

基本信息	姓名		学号		班级		组别	
	角色	主修人员□　辅修人员□　工具管理□　零件摆放□　安全监督□　质量检验□　7S 监督□							
	规定时间		完成时间		考核日期		总评成绩	

	序号	步骤	完成情况		标准分	评分
			完成	未完成		
考核内容	1	考核准备： 材料： 工具： 设备： 安全防护： 劳动保护：			10	
	2	起步是否异响			5	
	3	抖动油门是否异响			5	
	4	低速是否异响			10	
	5	中间支撑是否松旷			10	
	6	万向传动装置是否轴向松旷			10	
	7	球笼是否缺油			15	
	8	球笼是否松旷			10	
7S 管理 整理、整顿、清扫、清洁、素养、安全、节约					10	
团队协作					5	
沟通表达					5	
工单填写					5	
教师评语						

任务四　驱动桥故障检修

理　论　习　题

一、填空题

1．两侧的输出转矩相等的差速器，称为_____，也称_____。

2．对称式差速器用作_____差速器或由平衡悬架联系的两驱动桥之间的_____差速器。

3．托森差速器自锁值的大小取于蜗杆的_____及传动的_____。

4．半轴是在_____与_____之间传递动力的实心轴。

5．半轴的支承型式有　　　和　　　两种。

6．驱动桥由_____、_____、_____和_____四部分组成。

7．主减速器按齿轮副的数目分_____式和_____式；按齿轮副的结构形式分_____式和_____式。

8．发动机纵向布置的汽车其主减速器（单级式）采用一对_____齿轮传动；发动机横向布置的汽车其主减速器（单级式）采用一对_____齿轮传动。

9．桑塔纳 2000 单级式主减速器采用一对准双曲面_____齿轮传动。

10．主减速器的调整内容通常有_____、_____和_____。调整的顺序为先调_____，后调_____和_____。在进行啮合调整时不得改变已经调好的轴承紧度。

11．主减速器主、从动锥齿轮的啮合印痕与啮合间隙发生矛盾时，要以_____为主。

二、选择题

1．驱动桥的功用有（　　）。
　　A．将变速器输出的转矩依次传到驱动轮，实现减速增矩
　　B．将变速器输出的转矩依次传到驱动轮，实现减速减矩
　　C．改变动力传递方向，实现差速作用
　　D．减振作用

2．驱动桥按结构形式可分为（　　）。
　　A．四轮驱动　　　　　　　　　B．非断开式驱动桥
　　C．综合式驱动桥　　　　　　　D．断开式驱动桥

3．主减速器的功用有（　　）。
　　A．差速作用　　　　　　　　　B．将动力传给左、右半轴
　　C．减速增矩　　　　　　　　　D．改变转矩的旋转方向

4．发动机前置前驱动的汽车，变速驱动桥是将（　　）合二为一，成为一个整体。
　　A．驱动桥壳体和变速器壳体　　　B．变速器壳体和主减速器壳体

C．主减速器壳体和差速器壳体 D．差速器壳体和驱动桥壳体
5．差速器的主要作用是（   ）。
   A．传递动力至左、右两半轴
   B．对左、右两半轴进行差速
   C．减速增矩   D．改变动力传递方向
6．汽车四轮驱动系统主要由（   ）、前、后传动轴和前、后驱动桥等组成。
   A．分动器   B．轴间差速器   C．轮间差速器   D．左、右车轮
7．设对称式锥齿轮传动差速器壳所得到转矩为 M_0，左、右两半轴的转矩分别为 M_1、M_2，则有（   ）。
   A．$M_1=M_2=M_0$ B．$M_1=M_2=2M_0$ C．$M_1=M_2=\frac{1}{2}M_0$ D．$M_1+M_2=2M_0$
8．设对称式锥齿轮传动差速器壳所得到转速为 n_0，左、右两半轴的转速分别为 n_1、n_2，则有（   ）。
   A．$n_1=n_2=n_0$ B．$n_1=n_2=2n_0$ C．$n_1=n_2=\frac{1}{2}n_0$ D．$n_1+n_2=2n_0$
9．可变换两种速度比的主减速器，称为（   ）。
   A．双速主减速器 B．双级主减速器 C．多级主减速器 D．单级主减速器
10．轿车驱动桥一般是（   ）。
    A．断开式   B．非独立式   C．独立式   D．非断开式
11．货车驱动桥一般是（   ）。
    A．断开式   B．非独立式   C．独立式   D．非断开式
12．轿车主减速器的类型一般是（   ）。
    A．单级主减速器 B．三级主减速器 C．双级主减速器 D．以上都不是
13．货车半轴的支承型式一般采用（   ）。
    A．全浮式   B．支撑式   C．吊挂式   D．半浮式
14．主减速器主、从动齿轮常用的齿形有（   ）。
    A．直齿   B．螺旋锥齿   C．双曲面齿   D．斜齿
15．普通前置轿车采用差速器的类型是（   ）。
    A．普通行星齿轮差速器   B．防滑差速器
    C．锁止差速器   D．减速差速器
16．半轴传递（   ）与驱动轮之间的动力。
    A．桥壳   B．驱动轮   C．减速器   D．差速器

三、判断题

1．当汽车在一般条件下行驶时，应选用双速主减速器中的高速挡，而在行驶条件较差时，则采用低速挡。（   ）

2．对于对称式锥齿轮差速器来说，当两侧驱动轮的转速不等时，行星齿轮仅自转不公转。（   ）

3．对于对称式锥齿轮差速器而言，当行星齿轮没有自转时，总是将转矩平均分配给左、右两半轴齿轮。（   ）

4．当采用半浮式半轴支承时，半轴与桥壳没有直接联系。（   ）

5．半浮式支承的半轴易于拆装，不需拆卸车轮就可将半轴抽出。（   ）

6．解放 CA1091 和东风 EQ1090 汽车均采用全浮式支承的半轴，这种半轴除承受转矩外，还有承受弯矩的作用。（   ）

7．只有圆锥滚子轴承的预紧度可调，而圆柱滚子轴承无须调整。（   ）

8．主减速器若采用双曲面齿轮，应用专门的双曲面齿轮油，若暂时没有，也可使用普通齿轮油代替。（   ）

9．双曲面齿轮的主要特征是主、从动锥齿轮轴线不相交，主动锥齿轮轴线低于（也有的高于）从动锥齿轮一个距离。（   ）

10．汽车运行时，差速器行星齿轮有公转、自转和不转三种运动状态。（   ）

11．汽车运行时，只要两侧驱动轮受到的行驶阻力不等或两驱动轮的滚动半径不等，差速器就存在差速作用。（   ）

四、名词解释题

1．双速双级贯通。

2．转向驱动桥。

3．轴间差速器。

4．主减速器啮合间隙。

5．主减速器啮合区域。

五、问答题

1. 简述锥齿轮啮合间隙的检查方法。

2. 简述锥齿轮啮合印痕的检查方法。

技 能 操 作

子任务1 主减速器啮合间隙及痕迹检查

（1）主减速器啮合间隙及痕迹检查作业表如表 4-1 所示。

视频 1-20 主减速器的拆装测量与调整视频组
（1—拆卸；2—啮合间隙测量；3—啮合间隙调整；
4—啮合区域测量；5—调整；6—安装）

表 4-1 主减速器啮合间隙及痕迹检查作业表

姓名		班级		学号		组别	
车型		VIN 码		车辆当前行驶里程		购车时间	
是否正常维保		车辆是否出现异常状况		异常出现时间		异常出现里程数	
变速器型号		客户陈述				日期	
拆卸项目			目视检查		数据记录		
齿面检查							
偏摆量检查							
主、从动齿轮啮合间隙检查							
半轴齿轮与行星齿轮的啮合间隙检查							
主、从动齿轮轮齿的啮合印痕							
主动锥齿轮轴承预紧度的调整							
半轴齿轮与行星齿轮啮合间隙的调整							
主、从动齿轮啮合间隙的调整							
主、从动齿轮轮齿啮合印痕的调整							
结论							
建议处理意见							

表4-2 主减速器啮合间隙及痕迹检查项目评分表

<table>
<tr><td rowspan="3">基本信息</td><td>姓名</td><td colspan="2"></td><td>学号</td><td colspan="2"></td><td>班级</td><td></td><td>组别</td><td></td></tr>
<tr><td>角色</td><td colspan="9">主修人员□ 辅修人员□ 工具管理□ 零件摆放□ 安全监督□ 质量检验□ 7S监督□</td></tr>
<tr><td>规定时间</td><td colspan="2"></td><td>完成时间</td><td colspan="2"></td><td>考核日期</td><td></td><td>总评成绩</td><td></td></tr>
<tr><td rowspan="11">考核内容</td><td colspan="2">序号</td><td colspan="3">步骤</td><td colspan="2">完成情况</td><td colspan="2">标准分</td><td>评分</td></tr>
<tr><td colspan="2"></td><td colspan="3"></td><td>完成</td><td>未完成</td><td colspan="2"></td><td></td></tr>
<tr><td colspan="2">1</td><td colspan="3">考核准备：
材料：
工具：
设备：
安全防护：
劳动保护：</td><td></td><td></td><td colspan="2">10</td><td></td></tr>
<tr><td colspan="2">2</td><td colspan="3">齿面检查</td><td></td><td></td><td colspan="2">5</td><td></td></tr>
<tr><td colspan="2">3</td><td colspan="3">偏摆量检查</td><td></td><td></td><td colspan="2">5</td><td></td></tr>
<tr><td colspan="2">4</td><td colspan="3">主、从动齿轮啮合间隙检查</td><td></td><td></td><td colspan="2">5</td><td></td></tr>
<tr><td colspan="2">5</td><td colspan="3">半轴齿轮与行星齿轮的啮合间隙检查</td><td></td><td></td><td colspan="2">5</td><td></td></tr>
<tr><td colspan="2">6</td><td colspan="3">主、从动齿轮轮齿的啮合印痕</td><td></td><td></td><td colspan="2">5</td><td></td></tr>
<tr><td colspan="2">7</td><td colspan="3">主动锥齿轮轴承预紧度的调整</td><td></td><td></td><td colspan="2">10</td><td></td></tr>
<tr><td colspan="2">8</td><td colspan="3">半轴齿轮与行星齿轮啮合间隙的调整</td><td></td><td></td><td colspan="2">10</td><td></td></tr>
<tr><td colspan="2">9</td><td colspan="3">主、从动齿轮啮合间隙的调整</td><td></td><td></td><td colspan="2">10</td><td></td></tr>
<tr><td colspan="2">10</td><td colspan="3">主、从动齿轮轮齿啮合印痕的调整</td><td></td><td></td><td colspan="2">10</td><td></td></tr>
<tr><td colspan="6">7S管理
整理、整顿、清扫、清洁、素养、安全、节约</td><td colspan="3">10</td><td></td></tr>
<tr><td colspan="6">团队协作</td><td colspan="3">5</td><td></td></tr>
<tr><td colspan="6">沟通表达</td><td colspan="3">5</td><td></td></tr>
<tr><td colspan="6">工单填写</td><td colspan="3">5</td><td></td></tr>
<tr><td colspan="6">教师评语</td><td colspan="4"></td></tr>
</table>

子任务 2　主减速器及差速器异响故障诊断

（1）主减速器及差速器异响诊断作业表如表 4-3 所示。

表 4-3　主减速器及差速器异响故障诊断作业表

姓名		班级		学号		组别	
车型		VIN 码		车辆当前行驶里程		购车时间	
是否正常维保		车辆是否出现异常状况		异常出现时间		异常出现里程数	
变速器型号		客户陈述				日期	
故障原因分析		1.症状确认： 2.原因分析：					
故障诊断方法及步骤		检查项目		是否检查		检查\测量结果	
		起步是否异响					
		抖动油门是否异响					
		低速是否异响					
		转弯时是否异响					
		啮合间隙是否正确					
		啮合痕迹是否正确					
		调整后间隙					
结论							
建议解决故障方法							
总结故障诊断流程							

（2）主减速器及差速器异响故障诊断项目评分表如表 4-4 所示

表 4-4　主减速器及差速器故障诊断项目评分表

基本信息	姓名		学号		班级		组别	
	角色	主修人员□　辅修人员□　工具管理□　零件摆放□　安全监督□　质量检验□　7S 监督□						
	规定时间		完成时间		考核日期		总评成绩	
考核内容	序号	步骤	完成情况		标准分	评分		
			完成	未完成				
	1	考核准备： 材料： 工具： 设备： 安全防护： 劳动保护：			10			
	2	起步是否异响			5			
	3	抖动油门是否异响			5			
	4	低速是否异响			10			
	5	转弯时是否异响			10			
	6	啮合间隙是否正确			10			
	7	啮合痕迹是否正确			15			
	8	调整后间隙			10			
7S 管理 整理、整顿、清扫、清洁、素养、安全、节约					10			
团队协作					5			
沟通表达					5			
工单填写					5			
教师评语								

项目二 汽车底盘行驶系统检修

任务一 车架与车桥故障检修

理 论 习 题

一、填空题

1. 车桥通过_____和车架相连，两端安装_____。
2. 车桥的功用是_____。
3. 根据悬架结构的不同，车桥分为_____和_____两种，根据车轮作用的不同，车桥分为_____、_____、_____和支持桥四种。
4. 转向桥是利用_____使车轮可以偏转一定角度，以实现_____。
5. 转向桥主要由_____、_____、_____和_____等构成。
6. 空气弹簧是以_____空气_____为弹性元件的弹簧形式。
7. 上海桑塔纳轿车的车架类型是_____。
8. 前轮定位包括_____、_____、_____、_____四个内容。
9. 调整前轮前束是通过改变_____的长度来实现的。
10. 汽车推进线角是指_____。
11. 车轮外倾角的作用是_____。
12. 以汽车_____为基准而进行的车轮定位调整方法，叫推进线（角）四轮定位。

二、选择题

1. 采用非独立悬架的汽车，其车桥一般是（　　）。
   A. 断开式　　　B. 整体式　　　C. A，B 均可　　　D. 与 A，B 无关
2. 汽车减振器广泛采用的是（　　）。
   A. 单向作用筒式　B. 双向作用筒式　C. 阻力可调式　　D. 摆臂式
3. 采用断开式车桥，发动机总成的位置可以降低和前移，使汽车重心下降，提高汽车行驶的（　　）。
   A. 动力性　　　B. 通过性　　　C. 平顺性　　　D. 操纵性
4. 安装（　　）可使悬架的刚度成为可变的。
   A. 渐变刚度的钢板弹簧　　　　　B. 等螺距的螺旋弹簧
   C. 变螺距的螺旋弹簧　　　　　　D. 扭杆弹簧

5．前轮前束是为了消除（　　）带来的不良后果。
　　A．车轮外倾　　　B．主销后倾　　　C．主销内倾
6．（　　）具有保证车轮自动回正的作用。
　　A．主销后倾角　　B．主销内倾角　　C．车轮外倾角　　D．车轮前束
7．对于非转向后轮的汽车，汽车后轮有（　　）。
　　A．后倾角　　　　B．车轮外倾角　　C．前倾角　　　　D．内倾角
8．汽车四轮定位的角度要符合（　　）。
　　A．国家标准　　　　　　　　　　　B．汽车修理厂家的标准
　　C．汽车制造厂家的标准　　　　　　D．地方标准
9．汽车前束不正确，可能造成的故障有（　　）。
　　A．轮胎磨损　　　B．制动不灵　　　C．离合器打滑　　D．变速器跳挡
10．汽车四轮定位的好处有（　　）。
　　A．延长轮胎的使用寿命　　　　　　B．降低汽车行驶稳定性
　　C．提高燃油辛烷值　　　　　　　　D．降低汽车环境污染
11．包容角=（　　）。
　　A．车轴偏角+推进线角　　　　　　B．转向前展角+主销内倾角
　　C．前束角+车轮外倾角　　　　　　D．车轮外倾角+主销内倾角
12．汽车（　　）在纵向平面内与车轮中心垂线的夹角，叫主销的后倾角。
　　A．主销轴线　　　B．地面垂线　　　C．车轮轴线　　　D．推进线

三、判断题

1．后桥壳必须密封，以避免漏油、漏气。　　　　　　　　　　　　　　　　（　　）
2．在悬架所受的垂直载荷一定时，悬架刚度越小，悬架的垂直变形越小，汽车的固有频率越低。　　　　　　　　　　　　　　　　　　　　　　　　　　　　（　　）
3．减振器在伸张行程时，阻力应尽可能小，以充分发挥弹性元件的缓冲作用。
　　　　　　　　　　　　　　　　　　　　　　　　　　　　　　　　　　（　　）
4．汽车在行驶过程中，其前、后轮的垂直载荷是随车速的变化而变化的。（　　）
5．转向轮偏转时，主销随之转动。　　　　　　　　　　　　　　　　　　（　　）
6．主销后倾角和主销内倾角都起到使车轮自动回正、沿直线行使的作用。（　　）
7．主销后倾角度变大，转向操纵力增加。　　　　　　　　　　　　　　　（　　）
8．主销后倾角一般都超过3°。　　　　　　　　　　　　　　　　　　　　（　　）
9．汽车后轮没有前束。　　　　　　　　　　　　　　　　　　　　　　　（　　）
10．前束一定是指后、前轮胎中心之间的距离差。　　　　　　　　　　　（　　）
11．推进线（角）四轮定位就是以汽车前轮推进线为基准进行车轮定位调整。（　　）
12．当汽车的侧滑量和前束不能同时满足时，应将前束调整为标准值。　（　　）
13．汽车主销与地面垂线的夹角在左右方向的投影叫主销的后倾角。　　（　　）
14．汽车车轮与地面垂线的夹角叫车轮外倾角。　　　　　　　　　　　（　　）
15．后轮的行进方向与汽车纵向几何中心线形成的角度，叫做推进角。　（　　）

四、名词解释题

1. 转向驱动桥。

2. 车轮定位。

3. 主销内倾。

4. 前轮前束。

5. 汽车悬架。

6. 推进角。

五、问答题

1. 整体式车桥与断开式车桥各有何特点？为什么整体式车桥配用非独立悬架，而断开式车桥配用独立悬架？

2. 简述四轮定位的测量步骤。

3. 简述四轮定位调整的注意事项。

技 能 操 作

子任务1 车轮前束测量与调整

（1）车轮前束测量与调整作业表如表5-1所示。

表5-1 车轮前束测量与调整作业表

姓名		班级		学号		组别	
车型		VIN码		车辆当前行驶里程		购车时间	
是否正常维保		车辆是否出现异常状况		异常出现时间		异常出现里程数	
变速器型号		客户陈述				日期	
检查项目			目视检查		数据记录		
车轮常规检查							
轴承预紧度检查							
主销检查							
转向传动机构检查							
测量及调整项目			测量位置		数据记录		
左前轮前束							
右前轮前束							
调整							
调整后前束							
结论							
建议处理意见							

表 5-2 车轮前束测量与调整项目评分表

基本信息	姓名		学号		班级		组别		
	角色	主修人员□ 辅修人员□ 工具管理□ 零件摆放□ 安全监督□ 质量检验□ 7S 监督□							
	规定时间		完成时间		考核日期		总评成绩		
考核内容	序号	步骤	完成情况		标准分	评分
			完成	未完成		
	1	考核准备： 材料： 工具： 设备： 安全防护： 劳动保护：			10	
	2	车轮常规检查			5	
	3	轴承预紧度检查			5	
	4	主销检查			5	
	5	转向传动机构检查			10	
	6	左前轮前束			10	
	7	右前轮前束			10	
	8	调整			10	
	9	调整后前束			10	
7S 管理 整理、整顿、清扫、清洁、素养、安全、节约					10	
团队协作					5	
沟通表达					5	
工单填写					5	
教师评语						

子任务 2 四轮定位测量作业

（1）四轮定位测量作业表如表 5-3 所示。

表 5-3 四轮定位测量作业表

姓名		班级		学号		组别	
车型		VIN 码		车辆当前行驶里程		购车时间	
是否正常维保		车辆是否出现异常状况		异常出现时间		异常出现里程数	
变速器型号		客户陈述				日期	
操作步骤		检查项目			检查\测量结果		
		四轮定位前期准备					
		检查是否符合四轮定位条件					
	四轮定位测量	设定参数					
		安装传感器					
		锁正方向盘					
		传感器调整					
		测量结果分析					
	四轮定位调整	锁正方向盘					
		后轮调整					
		前轮调整					
		拆卸工具与整理					
		安装完毕后，复查与调整					
结论							
建议解决故障方法							
总结流程							

（2）四轮定位测量项目评分表如表 5-4 所示

表 5-4 四轮定位测量项目评分表

基本信息	姓名		学号		班级		组别	
	角色	主修人员□　辅修人员□　工具管理□　零件摆放□　安全监督□　质量检验□　7S 监督□						
	规定时间		完成时间		考核日期		总评成绩	
考核内容	序号	步骤			完成情况		标准分	评分
					完成	未完成		
	1	考核准备： 材料： 工具： 设备： 安全防护： 劳动保护：					10	
	2	四轮定位前期准备					5	
	3	检查是否符合四轮定位条件					5	
	4	四轮定位测量	设定参数				5	
	5		安装传感器				5	
	6		锁正方向盘				5	
	7		传感器调整				5	
	8		测量结果分析				5	
	9	四轮定位调整	锁正方向盘				5	
	10		后轮调整				10	
	11		前轮调整				10	
	12	拆卸工具与整理					5	
	13	安装完毕后，复查与调整					10	
7S 管理 整理、整顿、清扫、清洁、素养、安全、节约							10	
团队协作							5	
沟通表达							5	
工单填写							5	
教师评语								

任务二　车轮及轮胎故障检修

理 论 习 题

一、填空题

1．车轮的类型按轮辐的构造可分为_____、_____两种。

2．轮胎根据充气压力可分为_____、_____、_____三种；根据胎面花纹可分为_____、_____、_____三种；根据轮胎帘布层帘线的排列可分为_____、_____。

3．轮胎的固定基础是_____。

4．轮胎必须具有适宜的_____和_____能力，同时在其直接与地面接触的胎面部分应具有以增强附着作用的_____。

5．汽车轮胎按胎体结构的不同分为_____和实心轮胎，现代绝大多数汽车采用_____。

二、选择题

1．外胎结构中起承受负荷作用的是（　　）。
  A．胎面　　　　B．胎圈　　　　C．帘布层　　　　D．缓冲层

2．型号为 185/70 S R 14 的轮胎，其中 70 代表（　　）。
  A．扁平率　　　B．轮辋直径　　C．轮胎宽度　　　D．车速

3．具有弹性大，耐磨性好，滚动阻力小，附着性强，缓冲性能好，承载能力大等优点的轮胎是（　　）。
  A．子午线轮胎　　B．普通斜交胎　　C．无内胎充气轮胎　D．有内胎充气轮胎

三、判断题

1．在良好路面行驶时，越野轮胎比普通轮胎耐磨。　　　　　　　　　　　（　　）

2．汽车行驶时，滚动阻力的大小与轮胎结构、汽车总重量、路面性质有关，与轮胎气压无关。　　　　　　　　　　　　　　　　　　　　　　　　　　　　　（　　）

3．汽车轮胎双胎并装时，两轮胎的气门嘴应对称排列（成180°），这样有利于平衡。
　　　　　　　　　　　　　　　　　　　　　　　　　　　　　　　　　（　　）

四、名词解释

1．普通斜交胎。

2．D×B 轮胎。

五、问答题

1．轮辋的轮廓类型及代号有哪些？其结构形式又有几种？国产轮辋的规格代号是如何规定和表示的？

2．子午线轮胎与普通轮胎比较有什么优点和缺点？

技 能 操 作

子任务 1　轮毂轴承预紧度的调整

（1）轮毂轴承预紧度的调整作业表如表 6-1 所示。

表 6-1　轮毂轴承预紧度的调整作业表

姓名		班级		学号		组别	
车型		VIN 码		车辆当前行驶里程		购车时间	
是否正常维保		车辆是否出现异常状况		异常出现时间		异常出现里程数	
变速器型号		客户陈述				日期	
拆卸项目			目视检查		数据记录		
拆卸车轮							
拆卸前轮毂盖							
拆卸调整螺母							
拆卸轮毂轴承							
调整项目			标准数据		作业数据记录		
拧紧力矩							
回退圈数							
运动灵活性							
结论							
建议处理意见							

表 6-2 轮毂轴承预紧度的调整项目评分表

基本信息	姓名		学号		班级		组别	
	角色	主修人员□ 辅修人员□ 工具管理□ 零件摆放□ 安全监督□ 质量检验□ 7S监督□							
	规定时间		完成时间		考核日期		总评成绩	

	序号	步骤	完成情况		标准分	评分
			完成	未完成		
考核内容	1	考核准备： 材料： 工具： 设备： 安全防护： 劳动保护：			10	
	2	拆卸车轮			5	
	3	拆卸前轮毂盖			10	
	4	拆卸调整螺母			10	
	5	拆卸轮毂轴承			10	
	6	拧紧力矩			10	
	7	回退圈数			10	
	8	运动灵活性			10	
	9				10	
7S管理 整理、整顿、清扫、清洁、素养、安全、节约					10	
团队协作					5	
沟通表达					5	
工单填写					5	
教师评语						

任务三　悬架的结构

理　论　习　题

一、填空题

1. 汽车行驶系主要由_____、_____、_____、_____等装置组成。
2. 车轮一般由_____、_____、_____和_____等组成。
3. 列举两类外胎：_____、_____。
4. 列举外胎的两种花纹：_____、_____。
5. 悬架一般由_____、_____和_____三部分组成。

二、选择题

1. 车轮结构中，用于连接轮毂和轮辋的是（　　）。
   A．挡圈　　　　B．轮体　　　　C．轮辐
2. 一般满载时，汽车后轮的充气气压比前轮充气气压（　　）
   A．高　　　　　B．低　　　　　C．相同
3. 外胎结构中，起直接承受载荷作用的是（　　）。
   A．台面　　　　B．帘布层　　　C．胎圈
4. 下列对真空轮胎解释正确的是（　　）。
   A．不用充气　　B．无内胎　　　C．相对摩擦大
5. 属于悬架的组成部分的元件是（　　）。
   A．差速器　　　B．弹性元件　　C．主减速器　　　D．减振器
6. 悬架把车架和车轮（　　）的连接起来。
   A．刚性　　　　B．弹性　　　　C．塑性
7. 非独立悬架两轮胎的磨损相对（　　）。
   A．较少　　　　B．较多　　　　C．不变
8. 装有电控悬架系统的汽车，在水平路面上高速行驶时（　　）。
   A．车身会变高　B．车身会变矮　C．弹簧会变硬
9. 下列各选项是非独立悬架的缺点的是（　　）。
   A．结构简单　　B．容易产生跳动　C．寿命相对长
10. 属于悬架的组成部件的有（　　）
    A．螺旋弹簧　　B．半轴　　　　C．轮毂

三、判断题

1. 采用独立悬架的车桥通常为断开式。　　　　　　　　　　　　　　（　　）
2. 转向轮偏转时，主销随之转动。　　　　　　　　　　　　　　　　（　　）

3．所有汽车的悬架组成都包含弹性元件。（　　）
4．主销后倾角和主销内倾角都起到使车轮自动回正，沿直线行驶的作用。（　　）
5．无内胎轮胎被穿孔后，其压力会急剧下降。（　　）

四、名词解释

1．转向轮的自动回正作用。

2．主销内倾角。

五、问答题

1．汽车悬架在汽车中起到什么作用，它一般分为哪两大类？

2．为什么汽车广泛采用低压胎。

技 能 操 作

子任务1 前悬架拆装

（1）前悬架拆装作业表如表7-1所示。

表7-1 前悬架拆装作业表

姓名		班级		学号		组别	
车型		VIN码		车辆当前行驶里程		购车时间	
是否正常维保		车辆是否出现异常状况		异常出现时间		异常出现里程数	
变速器型号		客户陈述				日期	
拆卸项目			目视检查		数据记录		
轮胎拆卸							
传动轴螺母拆卸							
横拉杆拆卸							
稳定杆拆卸							
减震器螺栓拆卸							
安装项目			目视检查		数据记录		
减震器螺栓安装							
稳定杆安装							
横拉杆安装							
传动轴螺母安装							
轮胎安装							
结论							
建议处理意见							

表 7-2 前悬架拆装项目评分表

基本信息	姓名		学号		班级		组别	
	角色	主修人员□ 辅修人员□ 工具管理□ 零件摆放□ 安全监督□ 质量检验□ 7S 监督□							
	规定时间		完成时间		考核日期		总评成绩	

	序号	步骤	完成情况		标准分	评分
			完成	未完成		
考核内容	1	考核准备： 材料： 工具： 设备： 安全防护： 劳动保护：			10	
	2	轮胎拆卸			5	
	3	传动轴螺母拆卸			5	
	4	横拉杆拆卸			5	
	5	稳定杆拆卸			5	
	6	减震器螺栓拆卸			10	
	7	减震器螺栓安装			5	
	8	稳定杆安装			10	
	9	横拉杆安装			10	
	10	传动轴螺母安装			10	
	11	轮胎安装			10	
7S 管理 整理、整顿、清扫、清洁、素养、安全、节约					10	
团队协作					5	
沟通表达					5	
工单填写					5	
教师评语						

子任务 2 减振器拆装与检查

（1）减振器拆装与检查作业表如表 7-2 所示。

表 7-2 减振器拆装与检查作业表

姓名		班级		学号		组别	
车型		VIN 码		车辆当前行驶里程		购车时间	
是否正常维保		车辆是否出现异常状况		异常出现时间		异常出现里程数	
变速器型号		客户陈述				日期	
拆卸项目			目视检查		数据记录		
压缩弹簧							
拆卸开槽螺母							
检查项目			目视检查		数据记录		
减振橡胶皮碗检查							
密封件检查							
安装项目			目视检查		数据记录		
安装开槽螺母							
放松弹簧							
结论							
建议处理意见							

表 7-2　减振器拆装与检查项目评分表

基本信息	姓名		学号		班级		组别		
	角色	主修人员□ 辅修人员□ 工具管理□ 零件摆放□ 安全监督□ 质量检验□ 7S 监督□							
	规定时间		完成时间		考核日期		总评成绩		
考核内容	序号	步骤	完成情况		标准分	评分			
			完成	未完成					
	1	考核准备： 材料： 工具： 设备： 安全防护： 劳动保护：			10				
	2	压缩弹簧			10				
	3	拆卸开槽螺母			10				
	5	减振橡胶皮碗检查			10				
	6	密封件检查			10				
	8	安装开槽螺母			10				
	9	放松弹簧			10				
7S 管理 整理、整顿、清扫、清洁、素养、安全、节约					20				
团队协作					5				
沟通表达					5				
工单填写					5				
教师评语									

子任务 3 后悬架拆卸

（1）后悬架拆卸作业表如表 7-3 所示。

表 7-3 后悬架拆卸作业表

姓名		班级		学号		组别	
车型		VIN 码		车辆当前行驶里程		购车时间	
是否正常维保		车辆是否出现异常状况		异常出现时间		异常出现里程数	
变速器型号		客户陈述				日期	
拆卸项目			目视检查		数据记录		
拆卸驻车制动							
拆卸制动管路							
拆卸支承座							
拆卸排气管吊环							
拆卸车室内减振器盖板							
拆卸车身上的整个支承座							
取出驻车制动管路							
结论							
建议处理意见							

表 7-3 后悬架拆卸项目评分表

基本信息	姓名		学号		班级		组别	
	角色	主修人员□ 辅修人员□ 工具管理□ 零件摆放□ 安全监督□ 质量检验□ 7S监督□							
	规定时间		完成时间		考核日期		总评成绩	
考核内容	序号	步骤		完成情况		标准分	评分
				完成	未完成		
	1	考核准备： 材料： 工具： 设备： 安全防护： 劳动保护：				10	
	2	拆卸驻车制动				5	
	3	拆卸制动管路				10	
	5	拆卸支承座				10	
	6	拆卸排气管吊环				10	
	8	拆卸车室内减振器盖板				10	
		拆卸车身上的整个支承座				10	
		取出驻车制动管路				10	
7S管理 整理、整顿、清扫、清洁、素养、安全、节约						10	
团队协作						5	
沟通表达						5	
工单填写						5	
教师评语							

项目三　汽车底盘转向系统检修

任务一　机械转向器故障检修

理 论 习 题

一、填空题

1．转向系由_____、_____和_____构成。
2．作用力能很容易地从_____经转向器传到_____，而_____受到的地面冲击力只有达到某一数值时才能经转向器传到_____，正效率远远大于逆效率，这种转向器称为极限可逆式转向器。
3．_____转向器的转向能源是驾驶员的体力，由_____、_____和_____三部分组成。
4．转向传动机构的作用是将_____输出的转矩传给_____，以实现汽车转向。
5．转向系的传动比对转向系_____影响较大。
6．常见的转向器有_____、_____、_____三种。
7．转向传动机构的作用是将_____输出的转矩传给转向轮，以实现汽车转向。
8．转向桥由_____、_____、_____、_____等主要部分组成。
9．倾斜度可调式转向柱的特性为它至少有五个工作位置_____、_____、_____。

二、选择题

1．汽车在行驶过程中，路面作用在车轮的力经过转向系统可大部分传递给转向盘，这种转向器称为（　　）。
　　A．可逆式　　　　B．不可逆式　　　　C．极限可逆式　　D．极限不可逆式
2．将循环球式转向器的螺杆保持不动，并使钢球螺母不转动，然后轴向推拉螺母，用百分表检查间隙，不得超过（　　）。
　　A．0.05mm　　　B．0.08mm　　　　C．0.10mm　　　　D．0.12mm
3．符合循环球式转向器螺杆与钢球螺母间隙标准的值是（　　）。
　　A．0.05mm　　　B．0.10mm　　　　C．0.12mm　　　　D．0.15mm
4．转向器扇形齿轮与转向器壳体中滚针轴承的间隙不得超过（　　）。

A．0.05mm　　　B．0.12mm　　　C．0.20mm　　　D．0.08mm

5．以下不属于循环球式转向器特点的是（　　）。

　　A．正传动效率高

　　B．自动回正作用好

　　C．使用寿命长

　　D．路面冲击力不易造成转向盘振动现象

6．影响转向器正效率的因素很多，在结构参数、质量要求一样的前提下，（　　）转向器的转向效率最高。

　　A．循环球式　　　B．球面蜗杆式　　　C．齿轮齿条式

7．转弯半径是指由转向中心到（　　）。

　　A．内转向轮与地面接触点间的距离　　　B．外转向轮与地面接触点间的距离

　　C．内转向轮之间的距离　　　D．外转向轮之间的距离

8．采用齿轮齿条式转向器时，不需（　　），因此结构简单。

　　A．转向节臂　　　B．转向摇臂　　　C．转向直拉杆　　　D．转向横拉杆

9．一汽奥迪A6轿车采用的转向器是（　　）。

　　A．蜗杆曲柄指销式　　　B．循环球式

　　C．齿轮齿条式　　　D．都不是

10．汽车转向盘的最大自由转动量不得超过（　　）。

　　A．60°　　　B．30°　　　C．45°　　　D．90°

11．（　　）是连接汽车左、右梯形臂的杆件，它与左、右梯形臂及前轴构成转向梯形机构。

　　A．转向摇臂　　　B．转向直拉杆　　　C．转向横拉杆　　　D．转向盘

12．汽车转向系中各连接件和传动副之间存在着一定间隙，这使转向盘在转向轮发生偏转前能转过一定角度，这段角行程称为（　　）。

　　A．转向盘自由行程　　　B．转向盘行程

　　C．自由行程　　　D．有效行程

13．采用齿轮齿条式转向器时，不需（　　），因此结构简单。

　　A．转向节臂　　　B．转向摇臂　　　C．转向直拉杆　　　D．转向横拉杆

14．下列部件不属于液压动力转向装置的是（　　）。

　　A．动力转向器　　　B．转向油泵　　　C．贮油罐　　　D．转向节

15．下列部件中属于转向传动机构的是（　　）。

　　A．转向盘　　　B．转向器　　　C．转向轴　　　D．转向摇臂

三、判断题

1．循环球式转向器中，增加钢球数量，可提高承载能力，但降低传动效率。（　　）

2．改变轮式汽车行驶方向的方法是使汽车转向桥相对于汽车纵轴线偏转一定角度。

（　　）

3．转向系统传动比一般是指转向盘的转角与安装在转向盘一侧的转向车轮偏转角的比值。（　）

4．循环球式转向器中的螺杆螺母传动副的螺纹是直接接触的。（　）

5．循环球式转向器具有结构简单，传力杆件少，维修方便，操纵灵敏等优点，目前广泛应用在上海桑塔纳、一汽奥迪等轻、微型车和中、高级乘用车上。（　）

6．汽车的转弯半径越小，则汽车的转向机动性能越好。（　）

7．转向系的角传动比越大，则转向越轻便，越灵敏。（　）

8．由转向中心到内转向轮中心的距离称为汽车转弯半径。（　）

9．齿轮齿条式转向器一经拆解，必须调整齿轮齿条间隙。（　）

10．安装转向柱和转向盘时，车轮应处于直线行使位置。（　）

11．转向横拉杆体两端螺纹的旋向一般均为右旋。（　）

四、名词解释

1．转向系角传动比。

2．转向系传动效率。

3．转向器角传动比。

4．最小转弯半径。

5．转向盘自由行程。

6．转向梯形。

五、问答题

1. 转向系的作用是什么？机械转向系由哪些部件组成？

2. 简述齿轮齿条式转向器的工作原理。

3. 简述转向摇臂的装配方法及其注意事项。

4. 试述转向盘自由行程的检测过程。

技 能 操 作

子任务 1 循环球式转向器检查与装配

（1）循环球式转向器检查与装配作业表如表 8-1 所示。

表 8-1 循环球式转向器检查与装配作业表

姓名		班级		学号		组别	
车型		VIN 码		车辆当前行驶里程		购车时间	
是否正常维保		车辆是否出现异常状况		异常出现时间		异常出现里程数	
变速器型号		客户陈述				日期	
拆卸项目			目视检查		数据记录		
蜗杆和循环球螺母轴向间隙检查							
扇形齿轮轴的轴向间隙检查							
轴承磨损检查							
调整螺钉安装							
蜗杆轴旋转圈数检查							
总预紧力检查							
结论							
建议处理意见							

（2）循环球式转向器检查与装配项目评分表如表 8-2 所示。

表 8-2 循环球式转向器检查与装配项目评分表

基本信息	姓名		学号		班级		组别	
	角色	主修人员□ 辅修人员□ 工具管理□ 零件摆放□ 安全监督□ 质量检验□ 7S 监督□						
	规定时间		完成时间		考核日期		总评成绩	
考核内容	序号	步骤	完成情况		标准分	评分		
			完成	未完成				
	1	考核准备： 材料： 工具： 设备： 安全防护： 劳动保护：			10			
	2	蜗杆和循环球螺母轴向间隙检查			10			
	3	扇形齿轮轴的轴向间隙检查			10			
	4	轴承磨损检查			10			
	5	调整螺钉安装			10			
	6	蜗杆轴旋转圈数检查			10			
	7	总预紧力检查			15			
7S 管理 整理、整顿、清扫、清洁、素养、安全、节约					10			
团队协作					5			
沟通表达					5			
工单填写					5			
教师评语								

子任务 2 机械转向沉重故障诊断

(1) 机械转向沉重故障诊断作业表如表 8-3 所示。

视频 3-3 机械式转向器齿条直线度的测量

表 8-3 机械转向沉重故障诊断作业表

姓名		班级		学号		组别	
车型		VIN 码		车辆当前行驶里程		购车时间	
是否正常维保		车辆是否出现异常状况		异常出现时间		异常出现里程数	
变速器型号		客户陈述				日期	
故障原因分析	1.症状确认: 2.原因分析:						
故障诊断方法及步骤		检查项目		是否检查		检查\测量结果	
		转向器轴承装配预紧度检查					
		传动副啮合间隙检查					
		横、直拉杆球头销检查					
		转向节主销与衬套配合力矩检查					
		转向轴或柱管检查。					
		转向装置润滑检查。					
		轮胎气压检查					
		前束检查					
结论							
建议解决故障方法							
总结故障诊断流程							

(2) 转向沉重故障诊断项目评分表如表 8-3 所示

表 8-3 转向沉重故障诊断项目评分表

基本信息	姓名		学号		班级		组别		
	角色	主修人员□ 辅修人员□ 工具管理□ 零件摆放□ 安全监督□ 质量检验□ 7S 监督□							
	规定时间		完成时间		考核日期		总评成绩		
考核内容	序号	步骤		完成情况		标准分	评分
				完成	未完成		
	1	考核准备： 材料： 工具： 设备： 安全防护： 劳动保护：				10	
	2	转向器轴承装配预紧度检查				5	
	3	传动副啮合间隙检查				5	
	4	横、直拉杆球头销检查				5	
	5	转向节主销与衬套配合力矩检查				10	
	6	转向轴或柱管检查。				10	
	7	转向装置润滑检查。				10	
	8	轮胎气压检查				10	
	9	前束检查				10	
7S 管理 整理、整顿、清扫、清洁、素养、安全、节约						10	
团队协作						5	
沟通表达						5	
工单填写						5	
教师评语							

项目三　汽车底盘转向系统检修

任务二　液压助力转向器故障检修

理 论 习 题

一、填空题

1．汽车前轮定位角有_____、_____、_____及_____。

2．转向时，施加在方向盘上的力，对小客车不超过_____，对中型货车不超过_____，对重型货车不超过_____。

3．汽车产生侧滑主要是由_____和_____调整不当引起的，《机动车运行安全技术条件》规定：用侧滑仪检测前轮的侧滑量不超过_____。

4．利用侧滑检验设备可以测出汽车的_____、从而可以判断汽车前轮_____的综合结果。

5．转向系由_____、_____和_____构成。

6．转向器的功用是_____转向盘传到转向节的力并改变力的_____。

7．转向传动机构包括_____、_____、_____和_____等。

8．动力转向系的三种主要布置形式为_____、_____、_____。

9．整体式动力转向系将_____、_____和_____集成为一体。

10．齿轮齿条式动力转向器中转向齿条由_____移动。

二、选择题

1．侧滑试验台使用时机动车应以（　　）车速垂直地驶向试验台，使被测车轮从侧滑板上通过。

　　A．4km/h　　　　B．5km/h　　　　C．6km/h　　　　D．10km/h

2．大型货车转向盘的最大自由转动量从中间位置向左、右各不得超过（　　）。

　　A．15°　　　　　B．20°　　　　　C．25°　　　　　D．30°

3．汽车在行驶过程中，路面作用在车轮的力经过转向系统可大部分传递给转向盘，这种转向器称为（　　）。

　　A．可逆式　　　B．不可逆式　　　C．极限可逆式　　　D．极限不可逆式

4．在转向系中，采用液力式转向器时，由于液体的阻尼作用，吸收了路面的冲击负荷，故可采用正效率高的（　　）转向器。

　　A．极限不可逆式　B．不可逆式　　C．极限可逆式　　D．可逆程度大

5．转向器扇形齿轮与转向器壳体中滚针轴承的间隙不得超过（　　）。

　　A．0.05mm　　　B．0.12mm　　　C．0.20mm　　　D．0.08mm

6．将循环球式转向器的螺杆保持不动，并使钢球螺母不转动，然后轴向推拉螺母，用百分表检查间隙，不得超过（　　）。

　　A．0.05mm　　　B．0.08mm　　　C．0.10mm　　　D．0.12mm

7. 在汽车横向平面内，转向节主销（ ）有向内有一个倾斜角，称为主销内倾角。
   A．左端　　　　　B．右端　　　　　C．上端　　　　　D．下端
8. 在汽车横向平面内，转向节主销（ ）有向后有一个倾斜角，称为主销后倾角。
   A．左端　　　　　B．右端　　　　　C．上端　　　　　D．下端
9. 主销内倾角的主要作用为（ ）。
   A．保证汽车转向轻便　　　　　　　B．稳定力矩，保证直线行驶的稳定性
   C．补偿轮胎侧滑的不良后果　　　　D．适应载荷变化引起的轮胎异常磨损
10. 主销后倾角的主要作用为（ ）。
    A．保证汽车转向轻便　　　　　　　B．稳定力矩，保证直线行驶的稳定性
    C．补偿轮胎侧滑的不良后果　　　　D．适应载荷变化引起的轮胎异常磨损
11. 前轮前束的主要作用为（ ）。
    A．保证汽车转向轻便　　　　　　　B．稳定力矩，保证直线行驶的稳定性
    C．补偿轮胎侧滑的不良后果　　　　D．适应载荷变化引起的轮胎异常磨损
12. 前轮外倾角的主要作用为（ ）。
    A．保证汽车转向轻便　　　　　　　B．稳定力矩，保证直线行驶的稳定性
    C．补偿轮胎侧滑的不良后果　　　　D．适应载荷变化引起的轮胎异常磨损
13. 以下不属于转向传动机构的部件是（ ）。
    A．转向摇臂　　　B．转向节臂　　　C．转向轮　　　　D．转向横拉杆
14. 以下不属于循环球式转向器特点的是（ ）。
    A．正传动效率高　　　　　　　　　B．自动回正作用好
    C．使用寿命长　　　　　　　　　　D．路面冲击力不易造成转向盘振动现象。
15. 汽车方向盘不稳的原因不可能是由（ ）造成的。
    A．转向节主销与铜套磨损严重，配合间隙过大
    B．转向器蜗杆轴承装配过紧
    C．前束过大
    D．横、直拉杆球头销磨损松动

三、判断题

1. 改变轮式汽车行驶方向的方法是使汽车转向桥相对于汽车纵轴线偏转一定角度。（　）
2. 转向系统传动比一般是指转向盘的转角与安装在转向盘一侧的转向车轮偏转转角的比值。（　）
3. 转向系的角传动比愈大，就越容易实现迅速转向，即灵敏性较高。（　）
4. 循环球式转向器中，增加钢球数量时，可提高承载能力，但降低传动效率。（　）
5. 齿轮齿条转向器中，由于主动齿轮小，转矩传递性不好，转向会相对较重。（　）
6. 转向传动机构的功用是将转向器输出的力和运动传到转向桥两边的转向节，使两侧转向轮偏转。（　）

7．动力转向系实际上是依靠发动机输出的动力来帮助转向的。　　　　　（　　）

8．常流式动力转向系中，通过转向传动副使液压系统内的单向阀改变油路方向，实现不同的转向。　　　　　　　　　　　　　　　　　　　　　　　　　　　（　　）

9．常流式动力转向系中，溢流阀的作用是把多余的油流回低压边，以控制最小供油量。
（　　）

10．液压动力转向系统是一个位置跟踪装置，也称为驱动系统。　　　　（　　）

四、名词解释

1．转向器角传动比。

2．转向器传动效率。

3．转向传动逆效率。

4．转向中心。

5．转向加力装置。

6．整体式动力转向器。

五、问答题

1．什么是转向梯形？它的作用是什么？其理想关系式如何？

2．目前生产的一些新车型的转向操纵机构中，为什么采用了万向传动装置？

3．在汽车转向系中，怎样同时满足转向灵敏和转向轻便的要求？

4．什么是可逆式转向器、不可逆式转向器和极限可逆式转向器？它们各有何优缺点？各用于哪类汽车？

5．什么是转向盘的自由行程？为什么转向盘会留有自由行程？自由行程过大或过小对汽车转向操纵性能会有何影响？一般范围应是多少？

技能操作

子任务 1 液压转向加力泵检查与装配

（1）液压转向加力泵检查与装配作业表如表 9-1 所示。

表 9-1 液压转向加力泵检查与装配作业表

姓名		班级		学号		组别	
车型		VIN 码		车辆当前行驶里程		购车时间	
是否正常维保		车辆是否出现异常状况		异常出现时间		异常出现里程数	
变速器型号		客户陈述				日期	
拆卸项目			目视检查		数据记录		
泵轴和轴套配合间隙检查							
叶轮、凸轮环及叶轮片检查							
叶片与凸轮环的轴向高度差检查							
控制阀配合间隙检查							
控制阀弹簧的检查							
装配后泵轴转动灵活性和噪声检查							
结论							
建议处理意见							

（2）液压转向加力泵检查与装配项目评分表如表 9-2 所示。

表 9-2 液压转向加力泵检查与装配项目评分表

基本信息	姓名		学号		班级		组别	
	角色	主修人员□ 辅修人员□ 工具管理□ 零件摆放□ 安全监督□ 质量检验□ 7S 监督□							
	规定时间		完成时间		考核日期		总评成绩	

	序号	步骤	完成情况		标准分	评分
			完成	未完成		
考核内容	1	考核准备： 材料： 工具： 设备： 安全防护： 劳动保护：			10	
	2	泵轴和轴套配合间隙检查			10	
	3	叶轮、凸轮环及叶轮片检查			10	
	4	叶片与凸轮环的轴向高度差检查			10	
	5	控制阀配合间隙检查			10	
	6	控制阀弹簧的检查			10	
	7	装配后泵轴转动灵活性和噪声检查			15	
7S 管理 整理、整顿、清扫、清洁、素养、安全、节约					10	
团队协作					5	
沟通表达					5	
工单填写					5	
教师评语						

子任务 2 液压助力转向沉重故障诊断

(3) 液压助力转向沉重故障诊断作业表如表 9-3 所示。

表 9-3 液压助力转向沉重故障诊断作业表

姓名		班级		学号		组别	
车型		VIN 码		车辆当前行驶里程		购车时间	
是否正常维保		车辆是否出现异常状况		异常出现时间		异常出现里程数	
变速器型号		客户陈述				日期	
故障原因分析	1.症状确认: 2.原因分析:						
故障诊断方法及步骤		检查项目		是否检查		检查\测量结果	
		油箱油液检查					
		滤清器检查					
		管路存气量检查					
		油泵磨损,内部泄漏检查					
		驱动带检查					
		安全阀检查					
		动力缸或转向控制阀密封检查					
		各油管接头泄漏检查					
结论							
建议解决故障方法							
总结故障诊断流程							

（2）液压助力转向沉重故障诊断项目评分表如表 9-3 所示

表 9-3　液压助力转向沉重故障诊断项目评分表

基本信息	姓名		学号		班级		组别	
	角色	主修人员□　辅修人员□　工具管理□　零件摆放□　安全监督□　质量检验□　7S 监督□						
	规定时间		完成时间		考核日期		总评成绩	
考核内容	序号	步骤		完成情况		标准分	评分	
				完成	未完成			
	1	考核准备： 材料： 工具： 设备： 安全防护： 劳动保护：				10		
	2	油箱油液检查				5		
	3	滤清器检查				5		
	4	管路存气量检查				5		
	5	油泵磨损，内部泄漏检查				10		
	6	驱动带检查				10		
	7	安全阀检查				10		
	8	动力缸或转向控制阀密封检查				10		
	9	各油管接头泄漏检查				10		
7S 管理 整理、整顿、清扫、清洁、素养、安全、节约						10		
团队协作						5		
沟通表达						5		
工单填写						5		
教师评语								

项目四　汽车底盘制动系统检修

任务一　制动器故障检修

理　论　习　题

一、填空题

1. 任何制动系都由＿＿＿＿、＿＿＿＿、＿＿＿＿和＿＿＿＿等四个基本部分组成。
2. 人力制动系按其中传动装置的结构形式的不同分为＿＿＿＿和＿＿＿＿两种。
3. 制动器的领蹄具有＿＿＿＿作用，从蹄具有＿＿＿＿作用。
4. 车轮制动器由＿＿＿＿、＿＿＿＿、＿＿＿＿和＿＿＿＿等四部分构成。
5. 凸轮式制动器的间隙是通过＿＿＿＿来进行局部调整的。
6. 动力制动系包括＿＿＿＿、＿＿＿＿和＿＿＿＿三种。
7. 真空增压器由＿＿＿＿、＿＿＿＿和＿＿＿＿三部分组成。
8. 盘式制动器的基本零件是＿＿＿＿、＿＿＿＿和＿＿＿＿组件。
9. 盘式制动器结构有许多变形，但可归纳为两个主要类型：＿＿＿＿和＿＿＿＿。

二、选择题

1. 汽车制动时，制动力的大小取决于（　　）。
   A．汽车的载质量　　　　　　B．制动力矩
   C．车速　　　　　　　　　　D．轮胎与地面的附着条件
2. 我国国家标准规定任何一辆汽车都必须具有（　　）。
   A．行车制动系　　B．驻车制动系　　C．第二制动系　D．辅助制动系
3. 制动时，制动器振动，可能的故障原因为（　　）。
   A．计量阀松了　　　　　　　B．制动盘和制动蹄片间的间隙不足
   C．制动液流到制动蹄片上　　D．制动钳内活塞卡死
4. 前轮装盘式制动器，后轮装鼓式制动器的汽车，轻踩制动踏板时后轮制动器马上抱死，可能的故障原因为（　　）。
   A．计量阀故障　　B．后轮制动器损坏　C．比例阀失效　　D．制动液液面过低
5. 在汽车制动过程中，当车轮抱死滑移时，路面对车轮的侧向力（　　）。
   A．大于零　　　　B．小于零　　　　C．等于零　　　　D．不一定

6. 领、从蹄式制动器一定是（　　）。
   A．等促动力制动器　　　　　　B．不等促动力制动器
   C．非平衡式制动器　　　　　　D．以上三个都不对
7. 双向双领蹄式制动器的固定元件的安装是（　　）。
   A．中心对称　　B．轴对称　　C．既是A又是B　　D．既不是A也不是B
8. （　　）制动器是平衡式制动器。
   A．领从蹄式　　B．双领蹄式　　C．双向双领蹄式　　D．双从蹄式
9. 在结构形式.几何尺寸和摩擦副的摩擦系数一定时,制动器的制动力矩取决于（　　）。
   A．促动管路内的压力　　　　　B．车轮与地面间的附着力
   C．轮胎的胎压　　　　　　　　D．车轮与地面间的摩擦力
10. 在汽车制动过程中,如果只是前轮制动到抱死滑移而后轮还在滚动,则汽车可能（　　）。
    A．失去转向性能　　B．甩尾　　C．正常转向　　D．调头
11. 制动控制阀的排气阀门开度的大小,影响（　　）。
    A．制动效能　　B．制动强度　　C．制动状态　　D．制动解除时间
12. 不可能成为驻车制动器失效或无法保持制动的原因的是（　　）。
    A．拉索调整不当　　　　　　　B．后轮制动器调整不当
    C．制动蹄磨损量过大　　　　　D．制动系统中的液压系统内有空气
13. 下列几种形式的制动传动机构当中,（　　）仅用在手制动上。
    A．机械式　　B．液压式　　C．气动式　　D．以上均不是
14. 通常以（　　）来间接衡量汽车的制动性能。
    A．制动距离　　B．制动时间　　C．制动效能　　D．制动力矩

三、判断题

1. 盘式制动器制动效能比鼓式制动器好,因为盘式制动器有自增力作用。（　　）
2. 盘式制动器的自动回位,多数是通过活塞后部的油封来实现的。（　　）
3. 简单非平衡式制动器的优点是左、右制动蹄片的单位压力相等,缺点是制动效能低。（　　）
4. 自增力式制动器的突出优点是制动效能高,但力矩增长慢,不够平稳。（　　）
5. 液压制动主缸的补偿孔和通气孔堵塞,会造成制动不灵。（　　）
6. 制动释放后,油管内会保持一定压力,可防止空气侵入液压系统。（　　）
7. 制动踏板自由行程过大,会造成制动不灵。（　　）
8. 液压制动主缸的补偿孔堵塞,会造成制动不灵。（　　）
9. 挂车制动应比驻车制动略早。（　　）
10. 等促动力的领从蹄式制动器一定是简单非平衡式制动器。（　　）
11. 无论制动鼓是正向还是反向旋转时,领从蹄式制动器的前蹄都是"领蹄",后蹄都是"从蹄"。（　　）
12. 简单非平衡式车轮制动器在汽车前进与后退制动时,制动力相等。（　　）
13. 在动力制动系中,驾驶员的肌体不仅作为控制能源,还作为部分制动能源。

14．驻车制动没有渐进控制的要求，因此驻车制动阀一般只是一个气动开关而已。
（　　）
15．只要增大制动管路内的制动压力，就可加大制动器的制动力矩，从而制动力也就随之增大。
（　　）
16．汽车在行驶过程中，其前、后轮的垂直载荷是随车速的变化而变化的。（　　）

四、名词解释

1．汽车制动系。

2．行车制动系。

3．驻车制动系。

4．车轮制动器。

5．中央制动器。

6．轮缸式制动器。

7．凸轮式制动器。

8．领蹄、从蹄。

9. 钳盘式制动器。

五、问答题

1. 什么是汽车制动系？制动系是如何分类的？

2. 为什么驻车制动系一般都采用机械式传动装置？

3. 什么是制动踏板感（即路感）？对实施制动有何帮助？

4. 什么是制动助势蹄和减势蹄？装有此两种蹄的制动器是何种制动器？

5. 什么是双领蹄式制动器？其结构特点如何？

6. 什么是双向双领蹄式制动器？其结构特点如何？

7. 钳盘式制动器分成哪几类？它们各自的特点是什么？

8. 盘式制动器与鼓式制动器比较有哪些优缺点？

技 能 操 作

子任务1 鼓式制动器拆装与检修

（1）鼓式制动器拆装与检修作业表如表10-1所示。

表10-1 鼓式制动器拆装与检修作业表

姓名		班级		学号		组别	
车型		VIN码		车辆当前行驶里程		购车时间	
是否正常维保		车辆是否出现异常状况		异常出现时间		异常出现里程数	
变速器型号		客户陈述				日期	
拆卸项目			目视检查		数据记录		
制动鼓拆卸							
回位弹簧、压紧弹簧、支撑弹簧拆卸							
制动器油管拆卸							
制动分泵分解							
检修项目			正常数据		数据记录		
摩擦衬层厚度							
制动鼓圆度测量							
制动分泵检测							
制动管路排气							
结论							
建议处理意见							

（2）鼓式制动器拆装与检修评分表如表 10-2 所示。

表 10-2 鼓式制动器拆装与检修项目评分表

基本信息	姓名		学号		班级		组别	
	角色	主修人员□ 辅修人员□ 工具管理□ 零件摆放□ 安全监督□ 质量检验□ 7S 监督□							
	规定时间		完成时间		考核日期		总评成绩	
考核内容	序号	步骤	完成情况		标准分	评分
			完成	未完成		
	1	考核准备： 材料： 工具： 设备： 安全防护： 劳动保护：			10	
	2	制动鼓拆卸			5	
	3	回位弹簧、压紧弹簧、支撑弹簧拆卸			5	
	4	制动器油管拆卸			5	
	5	制动分泵分解			10	
	6	摩擦衬层厚度			10	
	7	制动鼓圆度测量			10	
	8	制动分泵检测			10	
	9	制动管路排气			10	
7S 管理 整理、整顿、清扫、清洁、素养、安全、节约					10	
团队协作					5	
沟通表达					5	
工单填写					5	
教师评语						

子任务2 盘式制动器检测

(1)盘式制动器检测作业表如表10-3所示。

表10-3 盘式制动器检测作业表

姓名		班级		学号		组别	
车型		VIN码		车辆当前行驶里程		购车时间	
是否正常维保		车辆是否出现异常状况		异常出现时间		异常出现里程数	
变速器型号		客户陈述				日期	
拆卸项目		目视检查		数据记录			
摩擦块厚度							
制动盘厚度							
制动盘偏摆							
轮毂偏摆							
制动盘打磨							
结论							
建议处理意见							

（2）盘式制动器检测评分表如表 10-4 所示。

表 10-4 鼓式制动器检测项目评分表

基本信息	姓名		学号		班级		组别	
	角色	主修人员□ 辅修人员□ 工具管理□ 零件摆放□ 安全监督□ 质量检验□ 7S 监督□							
	规定时间		完成时间		考核日期		总评成绩	
考核内容	序号	步骤		完成情况		标准分	评分	
				完成	未完成			
	1	考核准备： 材料： 工具： 设备： 安全防护： 劳动保护：				10		
	2	摩擦块厚度				10		
	3	制动盘厚度				15		
	4	制动盘偏摆				15		
	5	轮毂偏摆				15		
	6	制动盘打磨				10		
7S 管理 整理、整顿、清扫、清洁、素养、安全、节约						10		
团队协作						5		
沟通表达						5		
工单填写						5		
教师评语								

子任务3 制动失效故障诊断

（1）制动失效故障诊断作业表如表10-5所示。

表10-5 制动失效故障诊断作业表

姓名		班级		学号		组别	
车型		VIN码		车辆当前行驶里程		购车时间	
是否正常维保		车辆是否出现异常状况		异常出现时间		异常出现里程数	
变速器型号		客户陈述				日期	
故障原因分析	1.症状确认： 2.原因分析：						
故障诊断方法及步骤		检查项目		是否检查		检查\测量结果	
		连续踩下制动踏板检查阻力					
		油液是否充足					
		发动机是否启动					
		真空管路是否漏气					
		管路是否漏油或破裂					
结论							
建议解决故障方法							
总结故障诊断流程							

（2）制动失效故障诊断项目评分表如表 10-6 所示

表 10-6 制动失效故障诊断项目评分表

基本信息	姓名		学号		班级		组别	
	角色	主修人员□ 辅修人员□ 工具管理□ 零件摆放□ 安全监督□ 质量检验□ 7S 监督□							
	规定时间		完成时间		考核日期		总评成绩	

考核内容	序号	步骤	完成情况		标准分	评分
			完成	未完成		
	1	考核准备： 材料： 工具： 设备： 安全防护： 劳动保护：			10	
	2	连续踩下制动踏板检查阻力			10	
	3	油液是否充足			15	
	4	发动机是否启动			10	
	5	真空管路是否漏气			15	
	6	管路是否漏油或破裂			15	
7S 管理 整理、整顿、清扫、清洁、素养、安全、节约					10	
团队协作					5	
沟通表达					5	
工单填写					5	
教师评语						

任务二　制动传动装置检修

理 论 习 题

一、填空题

1. 任何制动系都由_____、_____、_____和_____四个基本部分组成。
2. 所有国产汽车和部分国外汽车的气压制动系中，都采用_____。
3. 人力制动系按其中传动装置的结构形式的不同分为_____和_____两种。
4. 目前国内所用的制动液大部分是_____，也有少量的_____和_____。
5. 挂车气压制动传动机构按其控制方法的不同，可分为_____和_____两种，我国一般采用_____。
6. 制动器的领蹄具有_____作用，从蹄具有_____作用。
7. 车轮制动器由_____、_____、_____和_____四部分构成。
8. 凸轮式制动器的间隙是通过_____来进行局部调整的。
9. 动力制动系包括_____，_____和_____三种。
10. 在储气筒和制动气室距离制动阀较远时，为了保证驾驶员实施制动时，储气筒内的气体能够迅速充入制动气室而实现制动，在储气筒与制动气室间装有_____；为保证解除制动时，制动气室迅速排气，在制动阀与制动气室间装_____。
11. 制动气室的作用是_____。
12. 真空增压器由_____、_____和_____三部分组成。
13. ABS制动防抱死装置是由_____、_____及_____三部分构成的。

二、选择题

1. 汽车制动时，制动力的大小取决于（　　）。
   A．汽车的载质量　　　　　　B．制动力矩
   C．车速　　　　　　　　　　D．轮胎与地面的附着条件
2. 我国国家标准规定任何一辆汽车都必须具有（　　）。
   A．行车制动系　　B．驻车制动系　　C．第二制动系　　D．辅助制动系
3. 国际标准化组织ISO规定（　　）必须能实现渐进制动。
   A．行车制动系　　B．驻车制动系　　C．第二制动系　　D．辅助制动系
4. 汽车制动时，制动力F_B与车轮和地面之间的附着力F_A的关系为（　　）。
   A．$F_B<F_A$　　B．$F_B>F_A$　　C．$F_B\leqslant F_A$　　D．$F_B\geqslant F_A$
5. 汽车制动时，当车轮制动力F_B等于车轮与地面之间的附着力F_A时，车轮（　　）。
   A．做纯滚动　　B．做纯滑移　　C．边滚边滑　　D．不动
6. 在汽车制动过程中，当车轮抱死滑移时，路面对车轮的侧向力（　　）。

A．大于零 B．小于零 C．等于零 D．不一定

7．领从蹄式制动器一定是（ ）。
A．等促动力制动器 B．不等促动力制动器
C．非平衡式制动器 D．以上三个都不对

8．双向双领蹄式制动器的固定元件的安装是（ ）。
A．中心对称 B．轴对称
C．既是A又是B D．既不是A也不是B

9．（ ）制动器是平衡式制动器。
A．领从蹄式 D．双领蹄式 C．双向双领蹄式 D．双从蹄式

10．在结构形式、几何尺寸和摩擦副的摩擦系数一定时，制动器的制动力矩取决于（ ）。
A．促动管路内的压力 B．车轮与地面间的附着力
C．轮胎的胎压 D．车轮与地面间的摩擦力

11．在汽车制动过程中，如果只是前轮制动到抱死滑移而后轮还在滚动，则汽车可能（ ）。
A．失去转向性能 B．甩尾 C．正常转向 D．调头

12．制动控制阀的排气阀门开度的大小，影响（ ）。
A．制动效能 B．制动强度 C．制动状态 D．制动解除时间

三、判断题

1．制动力一定是外力。 （ ）
2．液压制动主缸的补偿孔堵塞，会造成制动不灵。 （ ）
3．挂车制动应比驻车制动略早。 （ ）
4．等促动力的领从蹄式制动器一定是简单非平衡式制动器。 （ ）
5．无论制动鼓是正向还是反向旋转时，领从蹄式制动器的前蹄都是"领蹄"，后蹄都是"从蹄" （ ）
6．等位移式制动器是平衡式制动器。 （ ）
7．简单非平衡式车轮制动器在汽车前进与后退制动时，制动力相等。 （ ）
8．在动力制动系中，驾驶员的肌体不仅作为控制能源，还作为部分制动能源。 （ ）
9．驻车制动没有渐进控制的要求，因此驻车制动阀一般只是一个气动开关而已。 （ ）
10．只要增大制动管路内的制动压力，就可加大制动器的制动力矩，从而制动力也就随之增大。 （ ）
11．汽车在行驶过程中，其前、后轮的垂直载荷是随车速的变化而变化的。 （ ）
12．汽车制动的最佳状态是出现完全抱死的滑移现象。 （ ）

四、名词解释

1. 汽车制动系。

2. 行车制动系。

3. 驻车制动系。

4. 液压制动踏板的自由行程。

5. 制动器。

6. 车轮制动器。

7. 中央制动器。

8. 轮缸式制动器。

9. 凸轮式制动器。

10．领蹄。

11．从蹄。

12．钳盘式制动器。

五、问答题

1．什么是汽车制动系？制动系又是如何分类的？

2．为什么驻车制动系一般都采用机械式传动装置？

3．什么是制动踏板感（即路感）？对实施制动有何帮助？

4．对制动液有何要求？

5．什么是制动助势蹄和减势蹄？装有此两种蹄的制动器是何种制动器？

6．什么是双领蹄式制动器？其结构特点如何？

7．什么是双向双领蹄式制动器？其结构特点如何？

8．钳盘式制动器分成哪几类？它们各自的特点是什么？

9．盘式制动器与鼓式制动器比较有哪些优缺点？

10．气压制动系统各元件之间连接管路包括哪三种？它们各是怎样定义的？

11．气压制动系统的供能装置主要包括哪些装置？它们的作用是什么？这些装置在气压制动系统中的作用是什么？是否是必不可少的？

12．汽车为什么要安装防抱死制动装置？

技 能 操 作

子任务1 液压制动总泵拆装及检修

（1）液压制动总泵拆装及检修作业表如表 11-1 所示。

表 11-1 液压制动总泵拆装及检修作业表

姓名		班级		学号		组别	
车型		VIN 码		车辆当前行驶里程		购车时间	
是否正常维保		车辆是否出现异常状况		异常出现时间		异常出现里程数	
变速器型号		客户陈述				日期	
拆卸项目			目视检查		数据记录		
取下储液罐							
拆下止动螺钉							
拆出弹性挡圈							
活塞及弹簧垂直倒出							
检测项目			正常数据		数据记录		
泵筒内目视检查							
活塞与泵筒的配合间隙							
皮碗目视检查							
结论							
建议处理意见							

（2）液压制动总泵拆装及检修评分表如表 11-2 所示。

表 11-2　液压制动总泵拆装及检修项目评分表

基本信息	姓名		学号		班级		组别	
	角色	主修人员□　辅修人员□　工具管理□　零件摆放□　安全监督□　质量检验□　7S 监督□						
	规定时间		完成时间		考核日期		总评成绩	

	序号	步骤	完成情况		标准分	评分
			完成	未完成		
考核内容	1	考核准备： 材料： 工具： 设备： 安全防护： 劳动保护：			10	
	2	取下储液罐			5	
	3	拆下止动螺钉			10	
	4	拆出弹性挡圈			10	
	5	活塞及弹簧垂直倒出			10	
	6	泵筒内目视检查			10	
	7	活塞与泵筒的配合间隙			10	
	8	皮碗目视检查			10	
7S 管理 整理、整顿、清扫、清洁、素养、安全、节约					10	
团队协作					5	
沟通表达					5	
工单填写					5	
教师评语						